MAREMOTO · BEBEN DES MEERES

DA Verlag Das Andere

Pablo Neruda

MAREMOTO
Beben des Meeres

Lithographien nach Holzschnitten
von Carin Oldfelt Hjertonsson

Deutsche Nachdichtung von Tias

DER FUND

Ein einsames Haus am Pazifik. Steinblöcke, an denen Wellen aufschäumen, kreiseln. Ein Buckelhang mit Gräsern und Blumen, die dem Seewind trotzen. Ein gewundener Pfad von dem Wohnhaus PABLO NERUDAS nach unten zum Meer.

Geblieben: Seine Blicke über die Wasser an den Rand des Himmels. Noch in den Wohnzimmern der Widerklang seiner Worte. Vor einem Fenster zum Meer farbige Gläser, aus denen er trank. Zwischen den Türen: Gesichter von Schiffen.

Unter nicht alternden Erinnerungen versteckt ein Kleinod: „MAREMOTO“ – „BEBEN DES MEERES“. Jetzt, nach zwei Jahrzehnten, wiedergefunden von Jorge Barros aus Santiago de Chile.

1970 schufen Pablo Neruda und die schwedische Künstlerin Carin Oldfelt Hjertonsson, deren Bilder Neruda zu seiner Hymne an das Meer und seine Geschöpfe bewegten, nur 110 numerierte Exemplare. Zu mehr kam es nicht.

Eine der großartigsten Dichtungen der Weltliteratur wird nun der breiten Öffentlichkeit zugänglich gemacht, zunächst in einer deutschen Nachdichtung von Tias. Die spanische Fassung – gestaltet wie die deutsche – wird folgen.

BEBEN DES MEERES

Die Zeitmesser des Meeres,
die Artischocken,
die Sparbüchsen mit ihren flackernden Feuern,
die Beutel des Meeres
zum Bersten voll,
die Leuchten des Wassers,
die Schuhe, die Stiefel
des Ozeans,
die Zephalopoden, die Holothurien,
die trotzigen Krebse,
gewisse Fische, die schwimmen
und sehnsüchtig seufzen,
die Seeigel, die hervorkommen
aus den Kastanien der Tiefen,
die blauen Schirme des Ozeans,
die zerrissenen Botschaften,
die Walzer auf den Wogen,
all dies schenkt mir das Beben des Meeres.

Die Wellen kehrten zurück zur Bibel:
Seite um Seite schlossen sich die Wasser:
der ganze Zorn sank zur Mitte des Meeres,
aber zwischen meinen Blicken blieben mir
mannigfaltige und nutzlose Schätze,
die mir seine zerstörte Liebe ließ
und jene dunkle Rose.

Betastet diese Gestalt:
hier meine Hände bearbeiteten
winzige Sarkophage aus Salz
bestimmt für Stoffe und Geschöpfe,
wild in ihrer purpurroten Schönheit,
in kalknarbigen Stigmatas,
vergänglich
auf daß sich ernähren
wir und andere Wesen
von Blumen und Licht Verschlingendem.

Das was ließ auf der Schwelle das Beben,
die zerbrechliche Stärke, das Unterwasserauge,
die blinden Tiere der Woge,
zwingen mich in den Spalt:
komm und komm und geh, o Qual
meiner heimlichen Gezeiten verborgen vom Meer.

Muscheln, ausgeworfen auf den Sand,
glitschige Arme,
Mägen des Wassers,
Rüstungen geöffnet zum Eintritt
von Wiederholung und Bewegung,
Stacheln, Saugnäpfe, Zungen,
kleine kalte Körper,
mißhandelt
von der unerbittlichen Ewigkeit des Wassers,
von der Wut des Windes.

Sein und Nicht-Sein – hier sind sie verschmolzen
zu glänzenden und hungrigen Gebilden:
Es brennt das Leben und geht
spazieren ein Blitz der Tod.
Ich bin nur Zeuge
der Elektrizität und der Schönheit
füllend die verzehrende Stille.

PICOROCO

Der Picoroco – eingesperrt
in einem entsetzlich trostlosen Turm,
zeigt seine Kralle, verzweifelt
zuckt er in seiner Qual.

Wie weich ist er in seinem Turm:
weiß gleich dem Mehl des Meeres,
doch niemand begreift das Geheimnis
der kalten gotischen Burg.

ALGE

Ja, ich bin eine gepeitschte Alge
gepeinigt von gewaltigen Gezeiten:
mich erschreckten und erzogen
die Bewegungen der Schiffbrüchigen,
die Schläge der Stürme:
seht hier meine kalten Blüten:
meine täuschende Demut
vor dem Willen des Windes:
also überlebe ich das Wasser,
das Salz und die Fischer,
mit meinem geschmeidigen Körper
mit meiner Weste aus Jod.

SEEIGEL

Der Seeigel ist die Sonne des Meeres,
zeigend ihr Orange, tanzend aus der Mitte
mit Stacheln wie Flammen,
geboren aus Ei und Jod.

Der Seeigel gleicht der Erde:
rund, vergänglich, verborgen:
feucht, geheim und feindlich:
der Seeigel ist wie die Liebe.

SEESTERNE

Wenn am Himmel die Sterne
das Firmament verachten
und einschlafen am Tag,
grüßen die Sterne der Wasser
den Himmel abgestiegen ins Meer,
verkündend feierlich die Pflichten
des neuen unterseeischen Himmels.

MUSCHELN

Leere Muscheln im Sand
verlassen vom Meer, als es ging,
als es ging, das Meer auf die Reise,
auf die Reise zu anderen Meeren.

Es verließ seine Muscheln,
perfekt von ihm poliert,
bleich von den nie endenden Küssen
des Meeres, das ging auf die Reise.

LANGUSTEN

Stop! Berechnungslose Leoparden
der Gestade! Angreifer
mit geröteten Krummsäbeln
der unterseeischen Brutalität,
beißend grimmig jeden egal,
friedlos kreisend wie Fieber
bis sie sacken ins Netz
und herausklettern blau gekleidet
für das feuerrote Unglück.

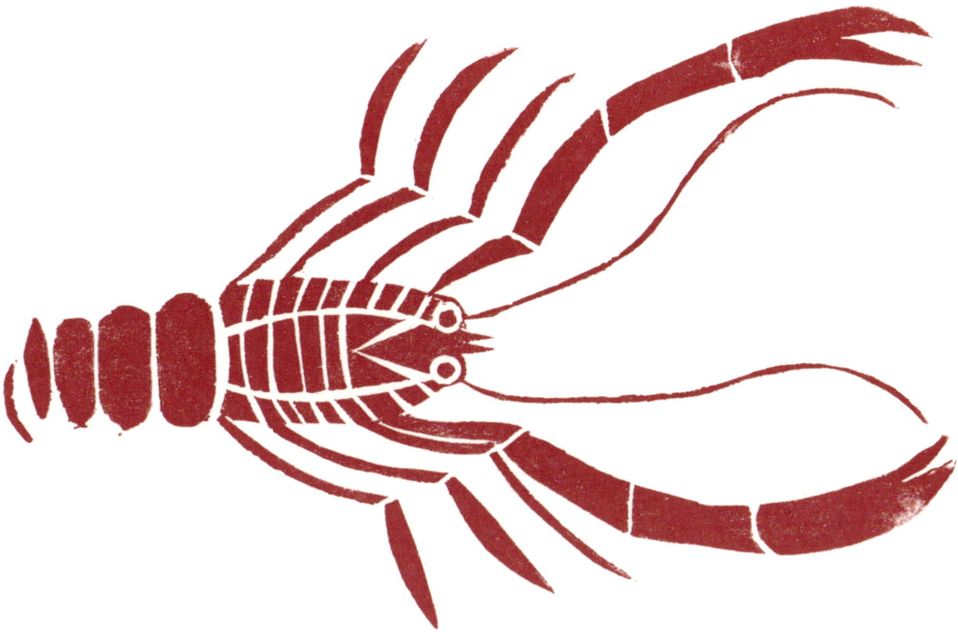

TROMPETENSCHNECKE

Die Trompetenschnecke wartet auf Wind
verharrend im Glanz des Meeres:
will sie eine schwarze Stimme
die füllen soll alle Entfernungen
wie die Trommeln der Mächtigen,
wie die Posaunen Gottes
in den Texten der Schulbücher:
sie will, daß man ihr Schweigen bläst
bis endlich das Meer anhält
das bittere bleierne Drängen.

ROBBE

Der Knackpunkt der Zoologie
ist diese zweckmäßige Robbe
lebend in einem Überzug aus Gummi
oder im schwarzen Licht ihres Fells.

In ihrem Inneren kreisen
die untrennbaren Strömungen
der Monarchie des Meeres
und wir sehen dieses Wesen verurteilt
zum Turnen der Folter
die Welt zu entdecken rollend
hinab Treppen aus Eis
bis ihre Augen uns betrachten
mit dem bohrendsten Blick des Planeten.

SEEANEMONE

Die Blume am salzigen Felsen
zeigt und entzieht ihr Strahlen
je nach den Gelüsten des Salzes,
je nach dem Verlangen des Wassers.

O Krone aus kaltem Fleisch
und zitternden Blütenlippen:
Anemone, Witwe. Innen.

KREBS

Der Krebs in der Farbe violetter Veilchen
lauert in einer Mulde des Meeres:
seine Zangen zeigen zwei Rätsel:
seinen Hunger das unersättliche Loch.

Mit dem Tod kämpft bald seine Rüstung
kochend im höllischen Kessel
bis endlich er aufblüht als Rose:
als rote bekömmliche Rose.

BRONZEDELPHIN

Wenn er fiele ins Meer, der Delphin,
stürzte er bis zum Grund, fallend
durch sein gelbes Gewicht.

Unter den wahrhaftigen Fischen
wäre er ein merkwürdiges Gebilde,
ein Fisch ohne Seele und Stimme.

Bis das Meer ihn vertilgte
verzehrend seinen bronzenen Stolz
verwandelnd ihn zu Grund.

TINTENFISCH

O Krake, du blutgieriger Klosterbruder,
das Flackern deines Kettenschmuckes
dringt in das Salz der Felsen
wie ein satanischer Mißgriff.

O beeindruckendes Zeugnis,
Bündel gefrorener Blitze,
Kopf eines Königshauses
mit Verzweigungen und Vorgefühlen:
Gemälde des Grauens,
ungezählte Wolken aus schwarzem Regen.

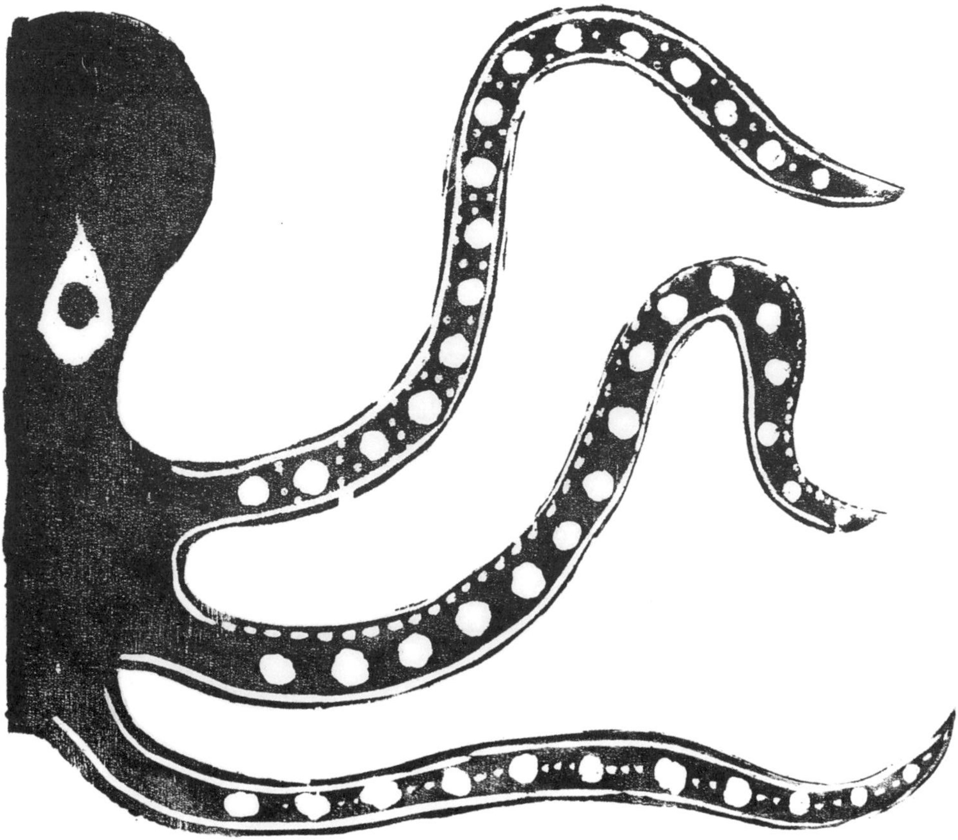

SONNE DES MEERES

Eines Tages fand ich auf der Schwarzen Insel
eine Sonne liegend im Sand,
leuchtend aus ihrer Mitte in jede Richtung,
bewachsen von Fingern aus Gold
und Saugnäpfen wie Stecknadeln.

Ich befreite die Sonne vom Sand,
hob sie empor gegen das Licht
und verglich sie mit der des Himmels.

Sie blickten sich nicht an sie sahen sich nicht.

SCHWERTFISCHE

Beschützt wird das Tor des Meeres
von zwei Schwertfisch-Matrosen:
sie wachen weit dem Meer als Paar,
weit wachen sie als Paar dem Meer,
sie wachen dem Meer sperrangelweit.

Geboren sind beide in Ikike
als Kinder des blauen Ozeans,
der Wellen schlägt bis Wladiwostok
und beginnt zu meinen Füßen.

Die Schwertfische, Wachsoldaten
mit gerade gerichteten Schwertern,
sperrten zu das Tor des Meeres
halten sich bereit abzuwehren
das Eindringen der Systeme
in die Unordnung des Ozeans.

FISCHHANDLUNG

Es hängen Fische an Schwänzen,
es glänzen auf Tischen Fische,
es blinken Fische mit Silber
und doch drohen noch die Krebse.
Auf der Theke, beehrt durch Schuppen,
den Orden der Untersee,
fehlt der Körper des Meeres allein
nicht zum Sterben nicht zum Verkaufen.

ABSCHIED VON DEN GESCHÖPFEN DES MEERES

Kehrt zurück! Kehrt zurück zum Meer
von diesen Seiten!

Fische, Meeressäuger, Algen
entkommen der Kälte,
kehrt zurück zum Gürtel
des Ozeans,
zum flüchtigen Kuß
der Welle,
zur verborgenen Vernunft
der Klippe!

O ihr Unsichtbaren,
Nackten, Untergetauchten,
Ungreifbaren,
es ist Zeit
zu teilen und zu trennen:
Das Papier schreit nach mir,

die Tinte, die Bleistifte,
die Druckereien, die Briefe,
die Schachteln,
die Buchstaben und die Ziffern
treffen sich im Lager
von wo aus
sie mir nachstellen: die Frauen
und die Männer
begehren meine Liebe, verlangen meine Gesellschaft
die Kinder von Petorca,
von Atacama, von Arauco, von Loncoche
wollen spielen mit mir!

Mich erwarten ein Zug, ein Schiff
gefüllt mit Äpfeln,
ein Flugzeug, ein Pflug,
einige Ähren.

Adios, organisierte
Wesen des Wassers, lebt wohl
Langusten gekleidet
wie Kaiser,
ich werde ihr werdet zurückkehren
zur Einheit zur Stunde noch
gebrochen.
Ich gehöre dem Sand:
ich werde zurückkehren zum gekrümmten Meer
und zu seinen Früchten
und zu seiner Wut:
jetzt gehe ich
pfeifend
durch die Straßen.

NERUDA UND MAREMOTO

Das Werk des Literaturnobelpreisträgers von 1971, Pablo Neruda, stellt den markantesten Meilenstein der Dichtung spanischer Sprache dieses Jahrhunderts dar. In ihm spiegeln sich nicht nur die Geschichte eines Kontinents, seine Leiden und sein Erlösungstraum, sondern auch alle Höhen und Tiefen der Liebe und der Leidenschaft, von illustren Szenarien bis hin zur Betrachtung alltäglicher Dinge und Vorgänge in der Natur und im gewöhnlichen Leben.

Pablo Neruda wurde 1904 in einem kleinen südchilenischen Dorf geboren und starb im September 1973, wenige Tage nach dem Putsch des Generals und Diktators Pinochet. Sein Leben und seine Worte geben Zeugnis von der Liebe und Verbundenheit, die er mit den Besitzlosen dieser Erde spürte.

Der „Canto General“ (1950), einer der Höhepunkte der Literatur Lateinamerikas, deckt bei weitem nicht die ganze Breite des Werkes von Neruda ab. Schon vor dessen Erscheinen besaß Neruda durch seine Jugendwerke „Veinte Poemas de Amor“ und „Canción Desesperada“ großes Ansehen.

„Canción Desesperada“ ist wahrscheinlich der meistgelesenste Gedichtband des 20. Jahrhunderts (in den verschiedenen Sprachen erreichte er eine Auflage von Millionen). Es war jedoch vor allem sein Buch „Residencias en la Tierra“, das ihn zu einem der größten Lyriker machte. Nach der Lektüre von „Residencias“ nannte ihn eine andere chilenische Literaturnobelpreisträgerin, Gabriela Mistral, „einen Mystiker der Materie“. Dies ist vielleicht die treffendste Definition für Nerudas gesamtes Werk.

Es ist gerade diese Verbindung mit der Materie, die das Werk am unnachgiebigsten, am erfühlbarsten und metaphysischsten, am eindringlichsten und widerstandsfähigsten macht: der rote Faden aller Schriften von Neruda.
In der Beschaffenheit der Materie sah er alle Möglichkeiten des Todes und der Vernichtung, der Zerstörung, gleichzeitig aber auch die einzige mögliche Alternative, in der das menschliche Wesen wiedererstehen und eine neue Hoffnung erreichen kann. Diese Konstante, ist im gesamten Werk Nerudas gegenwärtig, von der Erotik über die Liebesleidenschaft, bis zum Gesang über die größten Weiten der Natur, der Geschichte und der menschlichen Träume.

„MAREMOTO“ behandelt ein Drama und ein Fest. Der Titel – Beben des Meeres – spielt auf die Natur in Chile an: Vor jedem Seebeben weicht das Wasser viele Kilometer von der Küste. Auf dem trockenen Meeresboden bleiben all die vielen Meereslebewesen zurück: Algen, Weichtiere, Fische, Seesterne. Diese Schätze des Meeres, bloßgelegt durch den gigantischen Wasserrückgang, preist Neruda in seinen Gedichten. Jede der Arten, die an Chiles 4000 Kilometer langer Küste vorkommt, erscheint in diesem Buch, das bald zum Flehen für den Erhalt alles Lebenden wird. Dieser Aufruf des Gedichts „Adiós a los productos del mar“ zum Abschluß des Buches, gibt ihm seinen erlösenden Charakter.

Dies bedeutet, daß das Gestorbene wieder aufersteht, wieder zum Leben zurückkehrt. Das ist die endgültige Botschaft Pablo Nerudas an die Menschen aller Rassen und Sprachen.

Merkwürdigerweise sind diese Gedichte trotzdem innerhalb von Nerudas Gesamtwerk unbekannt. Sie erschienen 1970 (in Santiago de Chile) in einer Auflage von nur 110 Exemplaren, wobei eines das Originalmanuskript war. Nur, diese Gedichte wurden niemals wieder herausgegeben und stellten so eine bibliographische Rarität dar, von der nur einige wenige Ausgezeichnete wußten. Daher ist diese Ausgabe des DA Verlages Das Andere in Wirklichkeit die erste Veröffentlichung, mit der dieses einzigartige Werk Nerudas wirklich ans Licht der Öffentlichkeit gelangt.

Als Pablo Neruda seine Gedichte schrieb, dachte er an seine Leser, dieses vielgesichtige Universum von Frauen und Männern, die eingezwängt zwischen den Dingen nach einer neuen Welt verlangen. In jedem winzigen Teilchen dieser Erde, jedem Staubkörnchen, jedem Stein, jedem Baum und jedem Lebewesen unter dem Firmament sah er das Abbild eines Traumes, der um seine Befreiung kämpft. Ich hoffe inständig, daß auch Sie diesen Traum wahrnehmen, wenn Sie diese Gedichte lesen.

Raúl Zurita

Pablo Neruda

MAREMOTO

Originaltexte in spanischer Sprache

MAREMOTO

Los relojes del mar,
las alcachofas,
las alcancías con sus llamaradas,
los bolsillos del mar
a manos llenas,
las lámparas del agua,
los zapatos, las botas
del océano,
los cefalópodos, las holoturias,
los recalcitrantes cangrejos,
ciertos peces que nadan y suspiran,
los erizos que salen
de los castaños del profundo mar,
los paraguas azules del océano,
los telegramas rotos,
el vals sobre las olas,
todo me lo regala el maremoto.

Las olas regresaron a la Biblia:
hoja por hoja el agua se cerró:
volvió al centro del mar toda la cólera,
pero entre ceja y ceja me quedaron

Die Urtexte für Freunde der spanischen Sprache.

los variados e inútiles tesoros
que me dejó su amor desmantelado
y su rosa sombría.

Toquen este producto:
aquí mis manos trabajaron
diminutos sarcófagos de sal
destinados a seres y substancias,
feroces en su cárdena belleza,
en sus estigmas calcáreos,
fugaces
porque se alimentarán
nosotros y otros seres
de tanta flor y luz devoradoras.

Lo que dejó en la puerta el maremoto,
la frágil fuerza, el ojo submarino,
los animales ciegos de la ola,
me inducen al conflicto,
al ven y ven y aléjate, oh tormento,
a mi marea oculta por el mar.

Mariscos resbalados en la arena,
brazos resbaladizos,
estómagos del agua,
armaduras abiertas a la entrada
de la repetición y el movimiento,
púas, ventosas, lenguas,

pequeños cuerpos fríos,
maltratados
por la implacable eternidad del agua,
por la ira del viento.

Ser y no ser aquí se amalgamaron
en radiantes y hambrientas estructuras:
arde la vida y sale
a pasear un relámpago la muerte.
Yo sólo soy testigo
de la electricidad y la hermosura
que llenan el sosiego devorante.

PICOROCO

El Picoroco encarcelado
está en una torre terrible,
saca una garra azul, palpita
desesperado en el tormento.

Es tierno adentro de su torre:
blanco como harina del mar
pero nadie alcanza el secreto
de su frío castillo gótico.

Die Urtexte für Freunde der spanischen Sprache.

ALGA

Yo soy un alga procelaria
combatida por las mareas:
me estremecieron y educaron
los movimientos del naufragio
y las manos de la tormenta:
aquí tenéis mis flores frías:
mi simulada sumisión
a los dictámenes del viento:
porque yo sobrevivo al agua,
a la sal, a los pescadores,
con mi elástica latitud
y mi vestidura de yodo.

ERIZO

El Erizo es el sol del mar,
centrífugo y anaranjado,
lleno de púas como llamas,
hecho de huevos y de yodo.

El Erizo es como el mundo:
redondo, frágil, escondido:
húmedo, secreto y hostil:
el Erizo es como el amor.

ESTRELLAS

Cuando en el cielo las estrellas
desestiman el firmamento
y se van a dormir de día,
las estrellas de agua saludan
al cielo enterrado en el mar
inaugurando los deberes
del nuevo cielo submarino.

CONCHAS

Conchas vacías de la arena
que dejó el mar cuando se fué,
cuando se fué el mar a viajar,
a viajar por los otros mares.

Dejó las conchas marineras,
pulidas por su maestría,
blancas de tanto ser besadas
por el mar que se fué de viaje.

Die Urtexte für Freunde der spanischen Sprache.

LANGOSTINO

Alto! casuales leopardos
de las orillas, asaltantes
curvos como alfanjes rosados
de la crudeza submarina,
mordiendo todos a la vez,
ondulando como la fiebre
hasta que caen en la red
y salen vestidos de azul
a la catástrofe escarlata.

CARACOLA

La caracola espera el viento
acostada en la luz del mar:
quiere una voz de color negro
que llene todas las distancias
como el piano del poderío,
como la bocina de Dios
para los textos escolares:
quiere que soplen su silencio:
hasta que el mar inmovilice
su amarga insistencia de plomo.

FOCA

El nudo de la zoología
es esta foca funcional
que vive en un saco de goma
o en la luz negra de su piel.
Circulan adentro de ella
los movimientos inherentes
a la monarquía del mar
y se ve a este ser encerrado
en la gimnasia del tormento
descubrir el mundo rodando
por las escaleras de hielo
hasta mirarnos con los ojos
más penetrantes del planeta.

ANEMONA

La flor del peñasco salado
abre y cancela su corona
por la voluntad de la sal,
por el apetito del agua.

Oh corola de carne fría
y de pistilos vibradores
anémona viuda, intestino.

JAIVA

La Jaiva color de violeta
acecha en un rincón del mar:
sus tenazas son dos enigmas:
su apetito es un agujero.

Luego agoniza su armadura
en la sopera del infierno
y ahora no es más una rosa:
la rosa roja comestible.

DELFIN DE BRONCE

Si cayera al mar el Delfín
se iría al fondo, caería
con su volumen amarillo.

Entre los peces de verdad
sería un objeto extranjero,
un pez sin alma y sin idioma.

Hasta que el mar lo devorara
royendo su orgullo de bronce
y convirtiéndolo en arena.

PULPOS

Oh pulpo, oh monje encarnizado,
la vibración de tu atavío
circula en la sal de la roca
como un satánico desliz.
Oh testimonio visceral,
ramo de rayos congelados,
cabeza de una monarquía
de brazos y presentimientos:
retrato del escalofrío,
nube plural de lluvia negra.

Die Urtexte für Freunde der spanischen Sprache.

SOL DE MAR

Yo encontré en Isla Negra un día
un sol acostado en la arena,
un sol centrífugo y central
cubierto de dedos de oro
y ventosas como alfileres.

Recogí el sol enarenado
y levantándolo a la luz
lo comparé con el del cielo.

No se miraron ni se vieron.

ALBACORAS

La puerta del mar custodiada
por dos albacoras marinas
se han abierto de par en mar,
se han abierto de mar en par,
se han abierto de par en par.

Las albacoras son de Iquique
y son del océano azul
que llega hasta Vladivostock
y que crece desde mis pies.

Las albacoras centinelas
de espadas longitudinales
cerraron la puerta del mar
y se disponen a velar
para que no entren los sistemas
en el desorden del océano.

PESCADERIA

Cuelgan los peces de la cola,
brillan los peces derramados,
demuestran su plata los peces,
aún amenazan los cangrejos.
Sobre el mesón condecorado
por las escamas submarinas
sólo falta el cuerpo del mar
que no se muere ni se vende.

Die Urtexte für Freunde der spanischen Sprache.

ADIOS A LOS PRODUCTOS DEL MAR

Volved, volved al mar
desde estas hojas!

Peces, mariscos, algas
escapadas del frío,
volved a la cintura
del Pacífico,
al beso atolondrado
de la ola, a la razón
secreta de la roca!

Oh escondidos,
desnudos, sumergidos,
deslizantes,
es hora
de dividirnos y separarnos:
el papel me reclama,
la tinta, los tinteros,
las imprentas, las cartas,
los cartones,
las letras y los números
se amontonaron en cubiles desde
donde
me acechan: las mujeres
y los hombres

quieren mi amor, piden mi compañía,
los niños de Petorca,
de Atacama, de Arauco,
de Loncoche,
quieren jugar también con el poeta!

Me espera un tren, un buque
cargado de manzanas,
un avión, un arado,
unas espigas.

Adiós, organizados
frutos del agua, adiós
camarones vestidos
de imperiales,
volveré, volveremos
a la unidad ahora
interrumpida.
Pertenezco a la arena:
volveré al mar redondo
y a su flora
y su furia:
ahora me voy
silbando
por las calles.

Die Urtexte für Freunde der spanischen Sprache.

Die spanische Erstausgabe von Pablo Neruda mit Originalholzschnitten von Carin Oldfelt Hjertonsson erschien 1970 unter dem Titel „MAREMOTO" in 110 numerierten Exemplaren (Sociedad de Arte Contemporáneo, Santiago de Chile).

Dieses Buch ist die erste Ausgabe für die breite Öffentlichkeit.

Die Nachdichtung schuf Tias im Frühjahr 1991.

Textredaktion: Lucyna Lodter.

(Linear-)Übersetzungen des spanischen Textes: Andreas Klugskist, Justina Mehringer, Cristina Stiglmayr.

Typographie und Gestaltung dieses Buches übernahm Professor Hans Fick, Nürnberg. 18 Originalfarben wurden gedruckt, um die optische Qualität der ersten 110 Handexemplare des Jahres 1970 zu vermitteln.

Druck auf 140 g/m^2 Tintoretto neve von Zenith-Feinpapier, München.

Reproduktion: Niclaus M. GmbH, Nürnberg, nach Holzschnitten von Carin Oldfelt Hjertonsson.

Die Texte wurden von HeszSatz, Nürnberg, in der Antiquaschrift Bookman-Antiqua gesetzt.

Eine sorgfältige Betreuung des Drucks lag in den Händen der Druckerei Wilhelm Pfahler, Nürnberg.

Erste Auflage 1991

Printed in Germany

ISBN Taschenbuchausgabe: 3-922619-06-1